LE RÉPERTOIRE DU

SUSHI

RECHERCHE ET TEXTE : Gino Lepore, Kathe Lieber
TRADUCTION : Raymond Roy
RÉVISION : Momoe Amano, Marie Rose De Groof,
Emiko Kosuge
CHEF CUISINIER : Shinji Nagai
PHOTOGRAPHE : Annie Pomminville / Groupimage
STYLISTE CULINAIRE : Marina Alberti
CONCEPTION GRAPHIQUE ET MISE EN PAGES : Rowe Design
DIRECTEUR DE LA PUBLICATION : Gino Lepore

Nous reconnaissons l'aide financière du gouvernement du Canada par l'entremise du Programme d'aide au développement de l'industrie de l'édition (PADIÉ) pour nos activités d'édition; du Conseil des Arts du Canada; de la SODEC; du gouvernement du Québec par l'entremise du Programme de crédit d'impôt pour l'édition de livres (gestion SODEC).

ISBN 2-89568-068-X

Dépôt légal 2003
Bibliothèque nationale du Québec

Imprimé en Chine

Éditions du Trécarré, division de Éditions Quebecor Média inc.
7, chemin Bates
Outremont (Qc) Canada
H2V 4V6
12345 07 06 05 04 03

Catalogage avant publication de la Bibliothèque nationale du Canada

Lepore, Gino
Le répertoire du sushi : pour mieux les connaître et les apprécier
Traduction de: Mastering sushi.
Comprend un index.
ISBN 2-89568-068-X
1. Sushi. 2. Cuisine japonaise. I. Lieber, Kathe. II. Titre.
TX724.5.J3L4614 2003 641.5952 C2003-940899-X

L'EXPÉRIENCE DU SUSHI

La dégustation de sushis sont une occasion de repas convivial, à partager en famille ou entre amis. Ils constituent un délice pour l'œil, la langue et l'estomac. En outre, ils sont faciles à digérer et bons pour la santé.

Et si les sushis étaient l'aliment parfait ? Sains et nutritifs, faibles en matières grasses, en cholestérol et en calories, ils n'en apportent pas moins des quantités intéressantes de protéines, de glucides, de minéraux et de vitamines.

De plus, le rituel et le sens de la cérémonie associés à la consommation de sushis procurent une excuse valable pour échapper ne serait-ce que pendant quelques heures au tourbillon de nos vies mouvementées.

Bon appétit!

Remerciements particuliers à
Tri-Du, Lan Tran, Tommy Provias
ainsi qu'à Colette Laberge et Marc Laberge.

TABLE DES MATIÈRES

L'ART DU SUSHI

BRÈVE HISTOIRE DU SUSHI

Il va de soi que le sushi a été créé au Japon, ce pays insulaire entouré d'une mer qui regorge de poissons et de crustacés. Le riz, autre ingrédient essentiel du sushi, est cultivé en terrasses dans les régions montagneuses du Japon. Dans un territoire si densément peuplé, ce double cadeau de la mer et de la terre a toujours été fort apprécié.

Vers le septième siècle de l'ère chrétienne, les Japonais ont élaboré une méthode de conservation du poisson qui consistait à placer des filets nettoyés et crus entre des couches de sel et de riz et à couvrir le tout d'une lourde pierre. Au bout de quelques semaines, on remplaçait les pierres par une plaque légère et on laissait le poisson fermenter pendant quelques mois jusqu'à ce qu'il soit prêt à être consommé. À l'origine, on jetait le riz, mais cette pratique a cessé dès qu'un cuisinier plus économe s'est rendu compte du gaspillage que cela représentait.

En 1824, on a supprimé l'étape de la fermentation sur l'initiative de Hanaya Yohei, un chef brillant qui eut l'idée de présenter le poisson sous une forme analogue à celle du sushi moderne. Cette modification a donné lieu à un poème célèbre. Deux variétés de sushis n'ont pas tardé à apparaître. La variété kansai, qui a ses racines à Osaka dans la région de Kansai, se distinguait par des sushis composés en majorité de riz aromatisé mélangé à d'autres ingrédients glissés dans des ballotins comestibles et intéressants sur le plan esthétique. La variété edo (jusqu'en 1868, Tokyo porta le nom d'Edo) a produit le nigiri-zushi composé d'un morceau de poisson déposé sur un petit lit de riz aromatisé. La variété kansai, plus ornementale, est toujours en vogue au Japon, mais la variété edo (nigiri-zushi) demeure plus étroitement liée à l'art et à la tradition du sushi. Pendant une bonne partie du vingtième siècle, des vendeurs ambulants offraient des sushis servis sur un lit de glace et protégés par un tapis de bambou aux hommes d'affaires et aux personnes qui sortaient des bains publics. Depuis 1961, le Japon célèbre le jour national du sushi le 1er novembre par un concours prestigieux entre spécialistes renommés du sushi.

Dans la cuisine japonaise, la virtuosité du chef a presque autant d'importance que la beauté et la qualité des ingrédients. Les plats japonais sont souvent servis crus ou à peine cuits, en portions petites et élégantes. Tout l'art réside dans leur présentation.

LE SERPENT
AVOCAT, CREVETTES TEMPURA, TOBIKO, MAYONNAISE, CONCOMBRE, RIZ, MASAGO, NORI

L'ART DU SUSHI

LE COMPTOIR À SUSHIS

Le sens esthétique des Japonais s'exprime non seulement dans la présentation des aliments, mais également dans l'aménagement du cadre dans lequel on les déguste. Les Nord-Américains aiment recevoir chez eux, mais les Japonais, dont les habitations sont souvent exiguës, utilisent le comptoir à sushis ou le restaurant en guise de salon. Les rendez-vous d'affaires ou les réunions mondaines se déroulent tous au restaurant et les Japonais exigent de cet établissement qu'il sache recevoir avec classe.

Au comptoir à sushis, les yeux sont fixés sur le chef qui manipule le couteau avec brio devant les convives, en préparant pour eux les sushis et en les leur présentant avec élégance. Service impeccable, ingrédients des plus frais et raffinement de la présentation sont de mise.

LA FRAÎCHEUR AVANT TOUT

Le chef en titre choisit lui-même le poisson du jour et exige des fournisseurs qu'il soit de qualité supérieure. Il recherche un poisson luisant, à la chair fraîche et à l'odeur agréable, aux ouïes rouge vif et aux yeux clairs. Un poisson frais ne devrait pas dégager d'odeur désagréable.

Les sashimis doivent être préparés avec du poisson pêché dans les eaux les plus limpides, glacées mais non gelées. Pour les sashimis, on n'utilise à peu près pas de poissons d'eau douce à cause du risque de parasites. Le saumon est toujours servi mariné ou fumé.

De nombreux poissons, dont le thon, se congèlent bien, mais la décongélation entraîne inévitablement une détérioration de la saveur et de la texture. Confié aux soins d'un chef habile, un poisson décongelé dans les règles est presque aussi savoureux qu'un poisson frais.

AVERTISSEMENT

Les femmes enceintes, les très jeunes enfants, les personnes âgées et les personnes dont le système immunitaire est déficient devraient user de prudence au moment de consommer des sashimis. La meilleure façon de s'assurer de l'absence de parasites est de fréquenter des établissements qui respectent des normes rigoureuses d'hygiène. En cas de doute, on peut se contenter de sushis végétariens dont il existe une grande variété.

■ L'ART DU SUSHI

SORTES DE SUSHI

Les sushis se présentent sous différentes formes, les plus courantes étant le nigiri-zushi (sushi confectionné à la main) et le maki-zushi (sushi roulé à l'aide d'un tapis de bambou).

NIGIRI-ZUSHI

Également orthographié « nigiri », ce qui signifie « pressé à la main ». Le nigiri-zushi est une tranche de poisson cru ou cuit couchée sur un lit de riz. Ces ingrédients sont ensuite délicatement pressés les uns contre les autres.

Connu sous le nom de sushi de style barque, le gunkan est une sorte de nigiri-zushi obtenu en entourant une plaque de riz d'une bande d'algue marine et en pressant de manière à ce que les ingrédients se retrouvent sur le dessus. C'est une façon simple de servir des œufs de poisson et d'autres ingrédients de petite taille.

MAKI-ZUSHI

Également orthographié « maki ». Sushi roulé, fabriqué en emprisonnant du riz, du poisson ou d'autres ingrédients dans un long cylindre d'algue, lequel est ensuite découpé en tronçons de la taille d'une bouchée.

On trouve trois genres de maki sushi : le futomaki, l'hosomaki, un rouleau fin partagé en six petits morceaux, et le temaki, un cylindre roulé à la main qu'on avale en deux ou trois bouchées et dont la forme rappelle celle d'un cornet de crème glacée.

On raconte que le maki-zushi remonte au dix-huitième siècle, alors que les joueurs appréciaient ces bouchées qui leur permettaient de manger sans interrompre leur partie.

TOUT CE QUI EST SUSHI N'EST PAS CRU

Contrairement à l'idée reçue, tout n'est pas cru dans les sushis. Le tempura maki-zushi, par exemple, est une sorte de temaki composé de légumes panés, frits à grande friture et servis dans un cône de nori. De nombreux sushis sont composés de poisson fumé ou mariné.

DES CREVETTES ET DES AUBERGINES PANÉES TEMPURA

SUSHIS VÉGÉTARIENS

Les sushis californiens (sans crabe) sont les sushis végétariens les plus appréciés, mais ils n'en représentent qu'une faible partie. Les végétariens qui consomment du poisson peuvent, bien entendu, déguster une grande variété de sushis ceux qui ne consomment pas de poisson ont malgré tout accès à une grande variété de sushis composés de légumes utilisés avec art et présentés de façon originale.

UTILISATION DES CONDIMENTS

SHOYU

La savoureuse sauce soya foncée, connue sous le nom de shoyu, est indissociable des sushis. Le petit plat peu profond sert à présenter le shoyu : versez-y de la sauce du flacon et trempez-y le sushi. Versez-en autant que vous le croyez nécessaire, mais souvenez-vous qu'il est inconvenant de remplir le petit plat à ras bord.

Ne noyez pas le sushi dans la sauce. Le shoyu sert à souligner la saveur du sushi et non à la camoufler. Il doit relever le goût du poisson, non celui du riz. Trempez légèrement l'extrémité du sushi (en orientant le riz vers le haut) dans la sauce soya, en évitant de le mouiller complètement. Portez ensuite le sushi à la bouche de manière à ce que le poisson entre le premier en contact avec vos papilles gustatives.

WASABI

La pâte de couleur verdâtre servie traditionnellement avec les sushis est préparée avec du raifort japonais nommé wasabi.

Certaines personnes mélangent un peu de wasabi dans leur sauce shoyu en remuant avec les baguettes, mais cette pratique n'est pas orthodoxe. Il faut plutôt déposer un peu de wasabi directement sur le sushi à l'aide des baguettes.

Cependant, cette façon de procéder ne se fait qu'avec le sashimi et le maki sushi (même si on sert du wasabi avec le nigiri sushi, il n'est pas censé être consommé). Souvenez-vous que le wasabi est très piquant. Si vous ne voulez pas masquer le goût du poisson et de ses accompagnements, n'en prenez qu'une infime quantité. Le wasabi fort relevé est parfois appelé namida, mot qui signifie « larmes ». Si vous avez ingéré plus de wasabi que vous n'en aviez l'intention et si vous avez subitement craint que votre tête n'explose, vous comprendrez la pertinence de cette analogie!

GARI

La petite portion de légume rose servie avec les sushis est une préparation de gingembre mariné nommée gari.
Le gari et le wasabi sont les condiments consommés traditionnellement avec les sushis. Le gari sert à rafraîchir le palais entre les différents sushis. Considérez le gari comme un purificateur de la bouche, comparable au sorbet servi en entremets dans les restaurants. Il est mal vu d'accompagner les sushis d'une quantité exagérée de gari.

L'ART DU SUSHI

VALEUR NUTRITIVE DES SUSHIS

Si vous devez justifier votre penchant pour les sushis, leur valeur nutritive vous fournira d'excellents arguments. Les poissons les plus maigres renferment moins de 100 calories par 100 g, alors que les variétés plus grasses, comme le maquereau, l'anguille et le thon, en comportent moins de 200 . Le riz cuit renferme environ 100 calories par 100 g (méfiez-vous du saké cependant, qui compte 239 calories par verre).

POISSON

Le poisson est riche en protéines, faible en matières grasses. En outre, les Japonais prêtent aux fruits de mer des vertus aphrodisiaques. Que cela soit vrai ou non importe peu : la chaleur humaine et les plaisirs sensuels associés à un repas de sushis peuvent, à eux seuls, ouvrir la voie à la romance.

RIZ

Le riz est une excellente source de glucides complexes et de fibres alimentaires. Les fibres contribuent à la sensation de satiété, tandis que les glucides apportent de l'énergie libérée lentement.

POISSONS À CHAIR GRASSE

Tous les fruits de mer sont faibles en calories. Les matières grasses contenues dans le poisson appartiennent à la catégorie des « bons » gras, riches en acides gras oméga-3, et elles sont donc bienfaisantes pour le cœur (les acides gras oméga-3 sont susceptibles de réduire le risque d'infarctus).

GARI

Les vertus du gingembre pour la santé sont bien connues. Il facilite la digestion et peut aider l'organisme à combattre le rhume et la grippe.

WASABI

Le wasabi est une excellente source de vitamine C.

SOYA

Le soya, qui sert à la fabrication du tofu, de la sauce soya et du miso, renferme des protéines de qualité. Il contient également de l'amidon, des fibres alimentaires, des vitamines du groupe B et des minéraux ainsi que des matières grasses sous forme d'huile polyinsaturée. Le soya est bon pour les femmes en période de ménopause, car il contient des phytoœstrogènes ou œstrogènes d'origine végétale.

NORI

Les algues sont une excellente source d'iode, de calcium et de fer, substances nécessaires au maintien d'une bonne santé et d'une bonne ossature. Le nori est également riche en vitamine B_{12}, qu'on ne trouve normalement que dans les produits d'origine animale; il est donc intéressant pour les amateurs de sushis végétariens.

COMMENT SAVOURER LES SUSHIS ET LES SASHIMIS : AVEC LES BAGUETTES OU LES DOIGTS ?

Utilisez les hashis (baguettes) si vous savez les manier avec aisance (rappelez-vous que c'est en forgeant qu'on devient forgeron). Toutefois, il est permis de se servir de ses doigts. Les baguettes sont de rigueur pour le sashimi et le maki sushi, mais le nigiri sushi (sushi roulé à la main) est considéré comme un aliment qui se mange avec les doigts.

Doit-on les avaler en une bouchée ou en deux? Tout dépend de la taille des sushis, généralement assez gros en Amérique du Nord.

On voit rarement des couteaux et des fourchettes dans les restaurants japonais. De fait, l'utilisation de couverts occidentaux constituerait, dans le meilleur des cas, une maladresse et, au pire, une insulte à l'égard du chef.

De nombreux amateurs de sushis aiment picorer dans l'assiette de leurs voisins. Cette façon de faire est acceptable, mais on veillera à retourner ses baguettes avant de se servir.

COMMENT SE DÉROULE LE REPAS DANS UN COMPTOIR À SUSHI?

L'habitude nord-américaine est de commencer le repas par une soupe miso, soit un léger bouillon dans lequel flottent des morceaux de tofu. Par la suite, on nous propose un assortiment de sashimis (poissons sans riz). Enfin, vient le moment de manger des sushis. Généralement, on mange les maki-zushis et les temakis en premier puisque le nori croustillant se trempera en touchant le riz humide trop longtemps. Par la suite, avant de servir les nigiris-zushis, il est préférable de changer la sauce soya servant au trempage. On terminera le tout par un dessert.

Les amateurs plus avertis, lorsqu'ils commandent des nigiri, pourront débuter par des sushis à base de poisson à chair blanche au goût léger, comme le suzuki, l'ika ou le hotate, pour ensuite passer à des poissons plus goûteux, comme le maguro et le hamachi, et pour enfin terminer par le toro ou l'uni. Cette progression permet de déguster pleinement la saveur délicate des poissons à chair blanche en début de repas et d'apprécier par la suite les poissons au goût plus riche et plus marqué.

SOUPE MISO

QUE BOIRE AVEC LES SUSHIS ?

Première règle : aucune boisson fortement alcoolisée qui anesthésierait les papilles gustatives. Voici les boissons qui accompagnent le mieux les sushis.

THÉ

Le thé japonais se boit pendant tout le repas. Le thé vert fait ressortir le goût des sushis, chasse les saveurs qui s'attardent en bouche et rafraîchit le palais entre les portions.

BIÈRE

La plupart des restaurants japonais nord-américains offrent des bières japonaises (les marques favorites sont Sapporo, Kirin et Asahi) et des bières locales.

VIN

De nombreux spécialistes considèrent que le vin tue les saveurs délicates du poisson et du riz. Il existe cependant des vins « neutres » qui accompagnent bien les sushis. Essayez le pinot noir, le sancerre ou le sauvignon blanc. Le champagne ou le riesling conviendraient également.

SAKÉ

Le saké est un vin de riz japonais, obtenu par fermentation du riz. On le sert chaud, avant le repas, et non durant celui-ci ou après. La consommation du saké s'entoure d'un rituel qui débute par le service d'un premier verre à un voisin de table.

AU MENU

AJI

MAQUEREAU

Maquereau espagnol
Riz
Wasabi
Gingembre
(Oignon vert)

SI VOUS AVEZ APPRÉCIÉ L'AJI, ESSAYEZ :

L'IWASHI, LE SABA OU *LE SAYORI*

LEÇON DE JAPONAIS

Arrigato.
Merci.

J'ACCORDE À CE SUSHI
LA COTE SUIVANTE

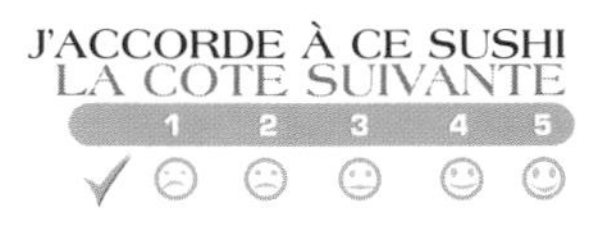

ALASKA

SUSHI D'ALASKA

Saumon fumé	Laitue	Wasabi
Crabe	Concombre	Nori
Caviar d'éperlan	Riz	
	Mayonnaise	

SI VOUS AVEZ APPRÉCIÉ LE SUSHI D'ALASKA, ESSAYEZ :

LE CALIFORNIA ROLL OU LE MASAGO

À LA FAÇON JAPONAISE

Le thé vert se boit toujours nature, sans lait ni sucre, et brûlant. Il est tout à fait admis de faire du bruit avec la bouche en avalant le thé.

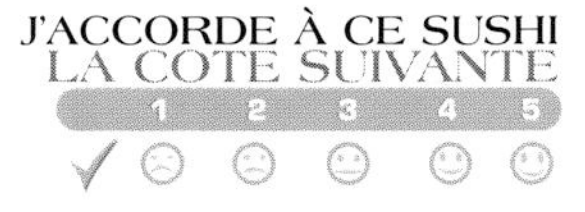

AMA-EBI

CREVETTES DOUCES

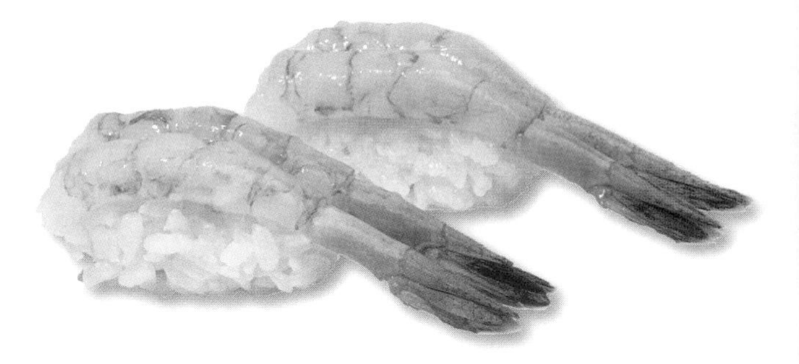

Crevettes douces
Riz
Wasabi

SI VOUS AVEZ APPRÉCIÉ L'AMA-EBI, ESSAYEZ :

LE BOTAN-EBI, L'EBI OU LES CREVETTES PANÉES TEMPURA (voir page 9)

LEÇON DE JAPONAIS

Oaiso.
L'addition ou la note.

J'ACCORDE À CE SUSHI
LA COTE SUIVANTE

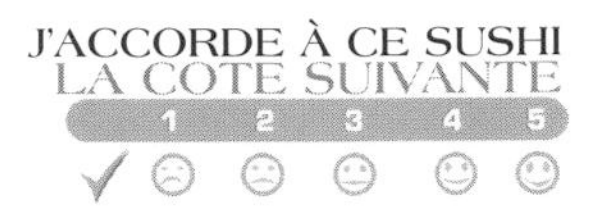

ANAGO
CONGRE

Congre
Riz

SI VOUS AVEZ APPRÉCIÉ L'ANAGO, ESSAYEZ :
LE SALMON SKIN OU L'UNAGI

CONSEIL CULINAIRE
Le congre est toujours bouilli d'abord, puis grillé. Comme on le sert avec un mélange spécifique de sucre, de sauce soya et de fumet d'anguille, il n'est pas nécessaire de l'accompagner d'une sauce ou de wasabi.

J'ACCORDE À CE SUSHI
LA COTE SUIVANTE
1 2 3 4 5
✓

AVOCADO

AVOCAT

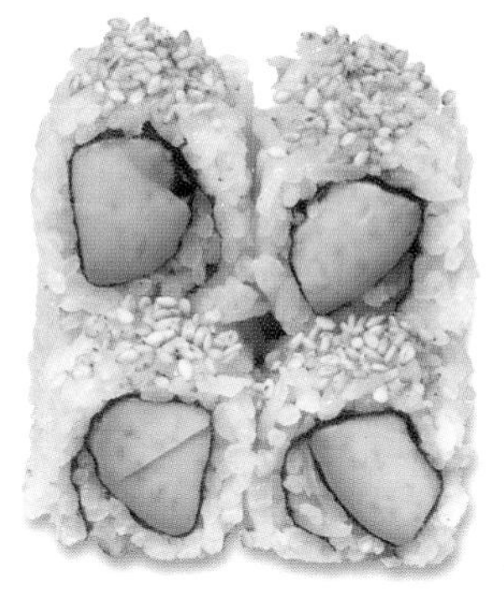

Avocat
Riz
Wasabi (ou mayonnaise)
Nori
Graines de sésame

SI VOUS AVEZ APPRÉCIÉ L'AVOCADO, ESSAYEZ :

LE KAPPA MAKI OU L'OSHINKO MAKI

LEÇON DE JAPONAIS

Dozo.

S'il vous plaît.

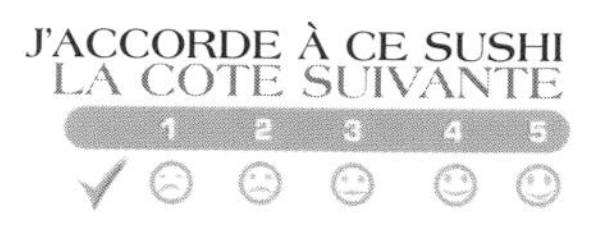

BENI JAKE

SAUMON DU PACIFIQUE

Saumon du Pacifique
Riz
Wasabi

SI VOUS AVEZ APPRÉCIÉ LE BENI JAKE, ESSAYEZ :

LE KUNSEI SYAKE, LE MAGURO OU LE SYAKE

CONSEIL CULINAIRE

Le saumon est une excellente source d'acides gras oméga-3, qui préviennent les maladies cardiaques.

J'ACCORDE À CE SUSHI
LA COTE SUIVANTE

1 2 3 4 5

■ AU MENU

CALIFORNIA ROLL

SUSHI CALIFORNIEN

Crabe	Mayonnaise
Avocat	Riz
Concombre	Nori
Caviar d'éperlan	

SI VOUS AVEZ APPRÉCIÉ LE CALIFORNIA ROLL, ESSAYEZ :

L'ALASKA OU LE SPIDER ROLL

AU COMPTOIR À SUSHIS

Chaque place au comptoir à sushis est désignée par une petite soucoupe et une paire de hashis (baguettes), avec ou sans porte-baguettes de céramique dit hashi oki. Quand vous ne vous servez pas des baguettes, la coutume veut que vous déposiez celles-ci devant vous, parallèlement au bord du comptoir.

J'ACCORDE À CE SUSHI
LA COTE SUIVANTE

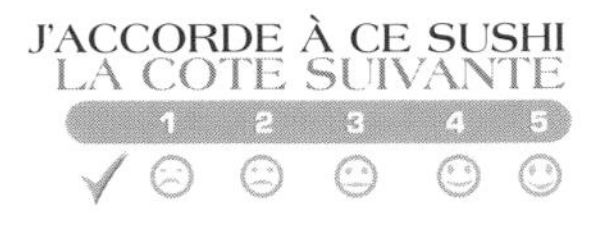

CHIRASHIZUSHI

CHIRASHIZUSHI

Sashimis assortis	Wasabi
Champignons shiitake	Riz
Kampyo	Nori

SI VOUS AVEZ APPRÉCIÉ LE CHIRASHIZUSHI, ESSAYEZ :

LE BARAZUSHI

LEÇON DE JAPONAIS

Sushi tsu.

Vrais amateurs – ceux qui adorent manger des sushis.

J'ACCORDE À CE SUSHI
LA COTE SUIVANTE

1 2 3 4 5

AU MENU

EBI

CREVETTES

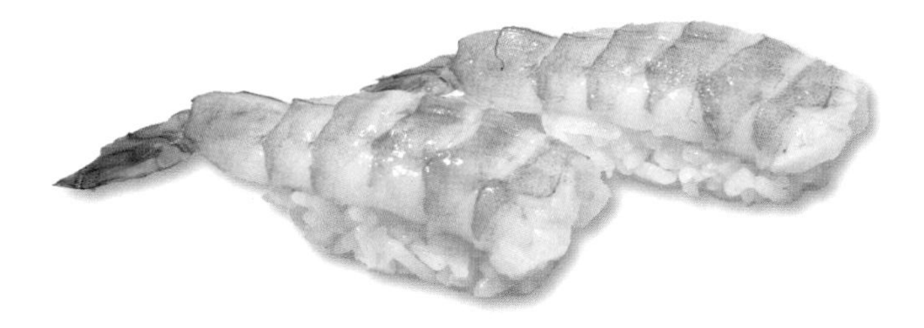

Crevettes
Wasabi
Riz

SI VOUS AVEZ APPRÉCIÉ L'EBI, ESSAYEZ :
L'AMA-EBI, LE KANI OU *LE SHAKO*

LEÇON DE JAPONAIS
Sumimasen.
Excusez-moi.

J'ACCORDE À CE SUSHI
LA COTE SUIVANTE

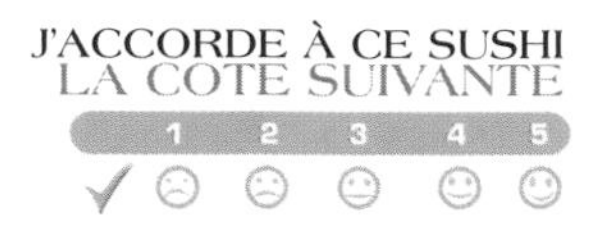

FUGU

COMPÈRE ROUGE

Compère rouge	(Oignon vert)
Wasabi	(Radis)
Riz	

SI VOUS AVEZ APPRÉCIÉ LE FUGU, ESSAYEZ :

LE HIRAME, LE TAI OU LE SUZUKI

À LA FAÇON JAPONAISE

La coupe du fugu est une étape très importante, car ses viscères renferment un poison violent. Ce mets, des plus délicats, n'est disponible qu'en hiver.

J'ACCORDE À CE SUSHI
LA COTE SUIVANTE

1	2	3	4	5

AU MENU

FUTOMAKI

FUTOMAKI

Omelette	Congre (et/ou crevettes)
Kampyo	Riz
Champignons shiitake	Nori
Poisson en poudre	

SI VOUS AVEZ APPRÉCIÉ LE FUTOMAKI, ESSAYEZ :

LE KAMPYO MAKI OU LE TAMAGO

CONSEIL CULINAIRE

Habituellement, les maki-zushis et temakis doivent être mangés en premier lieu, car l'algue nori, croustillante, risque de se détremper au contact du riz humide.

J'ACCORDE À CE SUSHI
LA COTE SUIVANTE

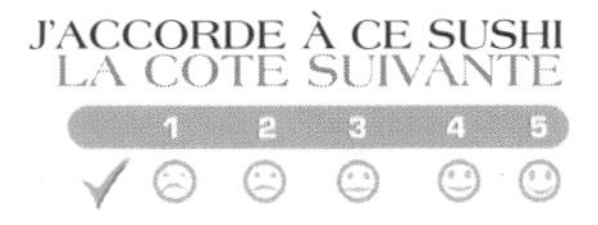

HAMACHI

THON À NAGEOIRES JAUNES

Thon à nageoires jaunes
Riz
Wasabi

SI VOUS AVEZ APPRÉCIÉ LE HAMACHI, ESSAYEZ :

LE HIRAMASA, LE KAMPACHI OU LE SHIMAAJI

LEÇON DE JAPONAIS

Kanpai!

À votre santé!

J'ACCORDE À CE SUSHI
LA COTE SUIVANTE

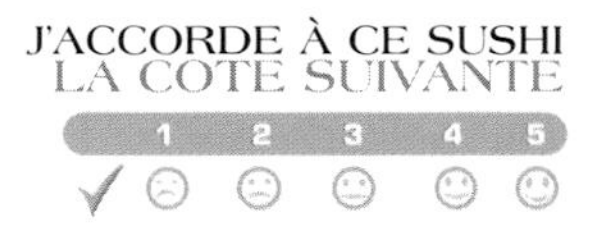

AU MENU

HIRAME

FLÉTAN

Flétan
Riz
Wasabi

SI VOUS AVEZ APPRÉCIÉ LE HIRAME, ESSAYEZ :

LE FUGU, LE SUZUKI OU LE TAI

LEÇON DE JAPONAIS

O genki desuka ?

Comment allez-vous ? (Formule polie)

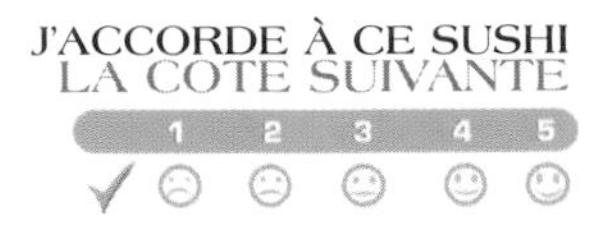

HOKKIGAI

MACTRE D'AMÉRIQUE

Mactre d'Amérique
Riz
Wasabi
Nori

SI VOUS AVEZ APPRÉCIÉ LE HOKKIGAI, ESSAYEZ :

L'AKAGAI, L'AOYAGI OU LE TORIGAI

AU COMPTOIR À SUSHIS

On commande les sushis ou les sashimis directement au cuisinier. Il n'est pas poli de lui commander les boissons et autres plats. Adressez-vous à la serveuse.

J'ACCORDE À CE SUSHI
LA COTE SUIVANTE

1 2 3 4 5

AU MENU

HOTATEGAI

PÉTONCLES

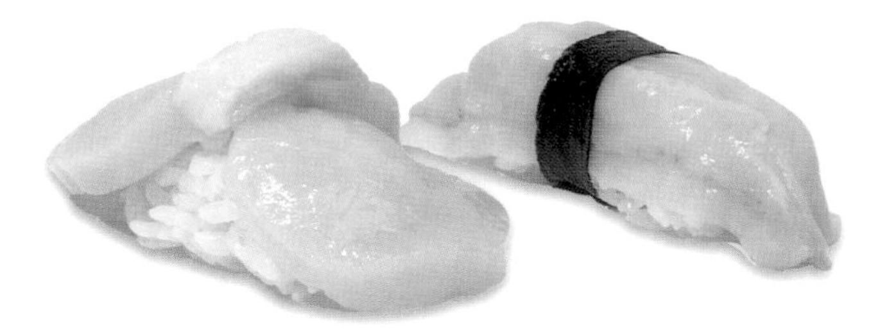

Pétoncles	(Jus de citron)
Riz	(Nori)
Wasabi	

SI VOUS AVEZ APPRÉCIÉ LE HOTATEGAI, ESSAYEZ :

LE KOBASHIRA, LE MIRUGAI *OU LE TAIRAGI*

LEÇON DE JAPONAIS

Konnichiwa!

Allo!

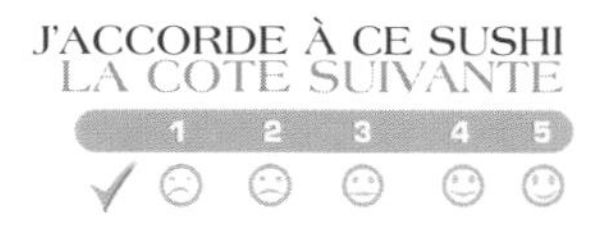

IKA
CALMAR

Calmar
Riz
Wasabi

SI VOUS AVEZ APPRÉCIÉ L'IKA, ESSAYEZ :
L'AWABI OU LE TAKO

QUESTION D'ÉTIQUETTE
La soupe est servie dans un bol couvert qui la conserve chaude. Ôtez le couvercle, puisez les éléments solides à l'aide des baguettes, puis buvez le liquide comme s'il s'agissait de thé. Faire du bruit en buvant est tout à fait admis.

J'ACCORDE À CE SUSHI
LA COTE SUIVANTE

1	2	3	4	5

IKURA

SARDINE

Sardine
Riz
Wasabi

Gingembre
(Oignon vert)

SI VOUS AVEZ APPRÉCIÉ L'IWASHI, ESSAYEZ :

L'AJI, LE KOHADA OU LE SABA

LEÇON DE JAPONAIS

Omakase.

Ce terme invite le chef à choisir pour vous ce que vous devriez consommer par la suite.

J'ACCORDE À CE SUSHI
LA COTE SUIVANTE

1 2 3 4 5

INARI ZUSHI
KAMIKAZE

Flocons de tempura
Avocat
Concombre
Saumon
Sauce piquante
Riz
Nori

SI VOUS AVEZ APPRÉCIÉ LE KAMIKAZE, ESSAYEZ :

LE SERPENT (voir page 5) OU *LE DYNAMITE MAKI*

LEÇON DE JAPONAIS

Arigato gozaimas

Merci beaucoup (Formule polie)

J'ACCORDE À CE SUSHI
LA COTE SUIVANTE

1 2 3 4 5

✓

AU MENU

IWASHI

CAVIAR DE SAUMON

Caviar de saumon	Nori
Riz	Concombre
Wasabi	

SI VOUS AVEZ APPRÉCIÉ L'IKURA, ESSAYEZ :

LE MASAGO, LE RISING SUN, LE TOBIKO OU L'UNI

LEÇON DE JAPONAIS

Le mot *ikura* est tiré du mot russe ikra, caviar. C'est pourquoi l'ikura est parfois utilisé comme caviar rouge en cuisine nord-américaine, tout comme dans les sushis.

J'ACCORDE À CE SUSHI
LA COTE SUIVANTE

1 2 3 4 5

KAMIKAZE

BALLOTINS AU TOFU

Tofu (frit et mariné)
Riz
Graines de sésame

SI VOUS AVEZ APPRÉCIÉ L'INARI ZUSHI, ESSAYEZ :
LE FUTOMAKI OU LE KAMPYO

AU COMPTOIR À SUSHIS

Les cuisiniers sont souvent des passionnés qui se font un plaisir de recommander les meilleurs choix. Les amateurs ne devraient pas hésiter à demander conseil au chef. Ils lui témoignent ainsi du respect, ce qui leur vaudra les meilleurs morceaux.

J'ACCORDE À CE SUSHI
LA COTE SUIVANTE

1 2 3 4 5

KAMPYO

COURGES SÉCHÉES

Courges séchées
Riz
Wasabi
Nori

SI VOUS AVEZ APPRÉCIÉ LE KAMPYO, ESSAYEZ :

L'INARI ZUSHI

LEÇON DE JAPONAIS

Itadakimasu!

Mangeons! (Littéralement : «Veuillez recevoir gracieusement.»)

J'ACCORDE À CE SUSHI
LA COTE SUIVANTE

1 2 3 4 5

KANI

CRABE DES NEIGES

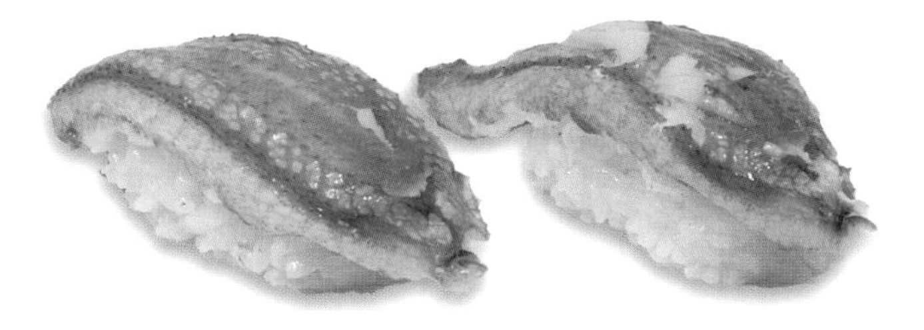

Crabe des neiges
Riz
Wasabi
(Jus de citron)

SI VOUS AVEZ APPRÉCIÉ LE KANI, ESSAYEZ :

LE CALIFORNIA ROLL, L'EBI OU KANI-KAMA

LEÇON DE JAPONAIS

Kombanwa.

Bonsoir.

J'ACCORDE À CE SUSHI
LA COTE SUIVANTE

1 2 3 4 5

AU MENU

KANI-KAMA
BÂTONNET DE CRABE

Crabe
Riz
Wasabi
Nori

SI VOUS AVEZ APPRÉCIÉ LE KANI-KAMA, ESSAYEZ :

LE CALIFORNIA ROLL OU LE KANI

QUESTION D'ÉTIQUETTE

Versez un peu de sauce soya dans votre soucoupe et trempez-y les sushis en vous rappelant que le shoyu sert à aromatiser le poisson et non le riz. Le fait de noyer un sushi dans la sauce soya masque les saveurs et désagrège la couche de riz.

J'ACCORDE À CE SUSHI
LA COTE SUIVANTE

1 2 3 4 5

KAPPA MAKI

SUSHI AU CONCOMBRE

Concombre
Riz
Wasabi
Nori
Graines de sésame

SI VOUS AVEZ APPRÉCIÉ LE KAPPA MAKI, ESSAYEZ :

L'AVOCADO OU L'OSHINKO MAKI

À LA FAÇON JAPONAISE

Également nommé kyuri, ce sushi fait allusion à un lutin mythologique qui raffolait du concombre. On roule ce mets dans des graines de sésame pour en rehausser la saveur.

J'ACCORDE À CE SUSHI
LA COTE SUIVANTE

1 2 3 4 5

AU MENU

KAZUNOKO

CAVIAR DE HARENG

Caviar de hareng (mariné)	Riz
Flocons de bonite à dos rayé	Nori (Laminaire)

SI VOUS AVEZ APPRÉCIÉ LE KAZUNOKO, ESSAYEZ :

LE MASAGO OU LE TOBIKO

QUESTION D'ÉTIQUETTE

Au comptoir à sushis, lorsque vous avez terminé votre repas, demandez l'addition (oaiso) à la serveuse et non au cuisinier. Le chef remettra la note à la serveuse qui vous l'apportera et recevra votre argent. Dans les restaurants japonais, le personnel qui manipule les aliments ne touche jamais à l'argent, et vice versa.

J'ACCORDE À CE SUSHI
LA COTE SUIVANTE

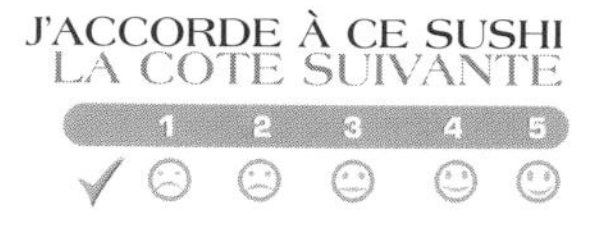

KUNSEI SYAKE
SAUMON FUMÉ

Saumon fumé	(Citron)
Riz	(Germes de radis)
Wasabi	

SI VOUS AVEZ APPRÉCIÉ LE KUNSEI SYAKE, ESSAYEZ :
LE BENI JAKE OU LE SYAKE

AU GRAND AIR
Les sushis, légers et digestes, conviennent particulièrement pour le pique-nique.

J'ACCORDE À CE SUSHI
LA COTE SUIVANTE

1 2 3 4 5

✓

■ AU MENU

KOHADA

ALOSE

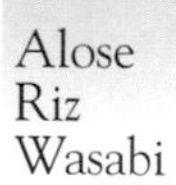

Alose	(Gingembre)
Riz	(Oignon vert)
Wasabi	

SI VOUS AVEZ APPRÉCIÉ LE KOHADA, ESSAYEZ :

L'AJI, *LE MAMAKARI* OU *LE SAYORI*

LEÇON DE JAPONAIS

Oishii!

Délicieux!

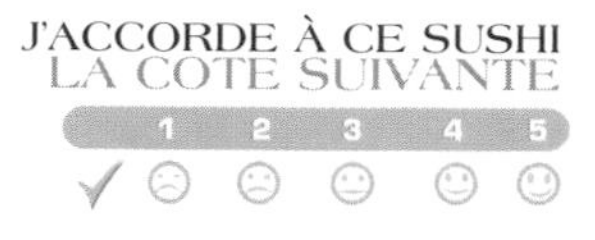

MAGURO

THON ROUGE

Thon rouge
Riz
Wasabi

SI VOUS AVEZ APPRÉCIÉ LE MAGURO, ESSAYEZ :

LE KAJIKI MAGURO, *LE KATSUO*, LE SHIRO MAGURO OU LE TORO

QUESTION D'ÉTIQUETTE

Quand vous serez assis, un serveur vous apportera une serviette chaude nommée oshibori. Servez-vous-en pour vous essuyer les mains. Ensuite, repliez-la et déposez-la sur le comptoir ou dans le panier. On vous donnera une serviette ordinaire pour vous protéger la poitrine.

J'ACCORDE À CE SUSHI
LA COTE SUIVANTE

1 2 3 4 5

MASAGO

CAVIAR D'ÉPERLAN

Caviar d'éperlan
Riz
Wasabi
Nori

SI VOUS AVEZ APPRÉCIÉ LE MASAGO, ESSAYEZ :

L'IKURA, LE KAZUNOKO, LE RISING SUN OU LE TOBIKO

CONSEIL CULINAIRE

Le masago est une excellente source d'acides gras oméga-3, qui préviennent les maladies cardiaques.

J'ACCORDE À CE SUSHI
LA COTE SUIVANTE

1	2	3	4	5
☹	☹	😐	☺	☺

MIRUGAI

MYE GÉANTE

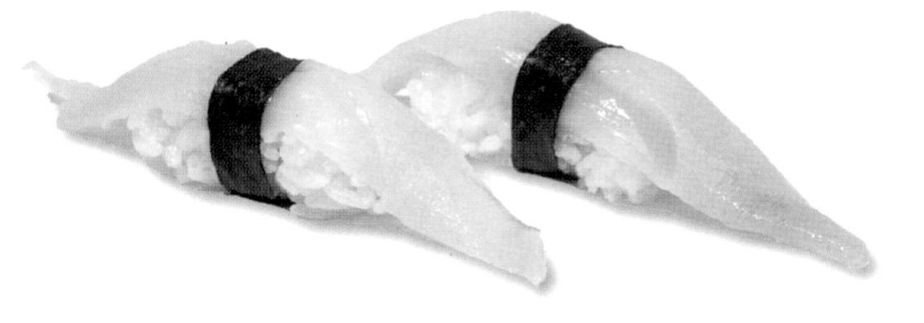

Mye géante
Riz
Wasabi
Nori

SI VOUS AVEZ APPRÉCIÉ LE MIRUGAI, ESSAYEZ :
L' AKAGAI, L'AWABI

LEÇON DE JAPONAIS
Ika o kudasai.
Du calmar s'il vous plait.
Maguro o kudasai.
Du thon s'il vous plait.

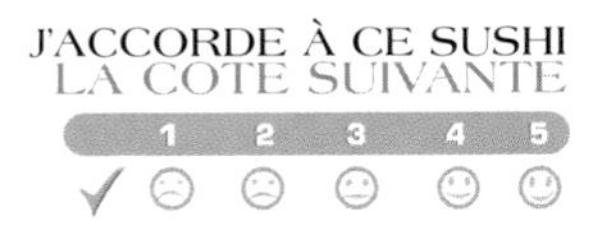

NEGI HAMACHI

THON À NAGEOIRES JAUNES

Thon à nageoires jaunes	Wasabi
Échalotes hachées	Nori
Riz	

SI VOUS AVEZ APPRÉCIÉ LE NEGI HAMACHI, ESSAYEZ :

LE TEKKA MAKI OU *LE TORO TEKKA*

À LA FAÇON JAPONAISE

Au Japon, toutes les boutiques de sushis possèdent leur propre sauce maison, plus foncée et plus épaisse que la sauce soya ordinaire. Cette sauce est connue sous le nom de murasaki, mot qui signife « pourpre ».

J'ACCORDE À CE SUSHI
LA COTE SUIVANTE

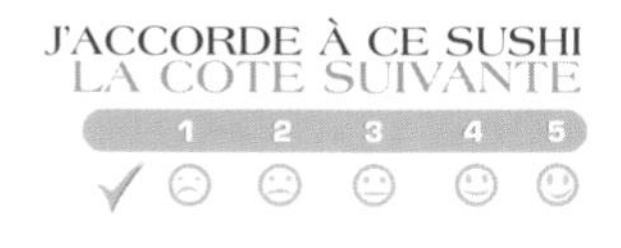

NEGI HAMACHI TEMAKI

THON À NAGEOIRES JAUNES

Thon à nageoires jaunes	Riz
Oignon vert	Wasabi
Concombre	Nori
Graines de sésame	

SI VOUS AVEZ APPRÉCIÉ LE NEGI HAMACHI TEMAKI, ESSAYEZ :

LE KAMPACHI OU LE SHIMAAJI

QUESTION D'ÉTIQUETTE

Lorsque vous placez un sushi en bouche, faites en sorte que ce soit le poisson qui touche d'abord vos papilles gustatives.

J'ACCORDE À CE SUSHI
LA COTE SUIVANTE

1	2	3	4	5
✓ ☹	☹	😐	☺	☺

■ AU MENU

OSHINKO MAKI

OSHINKO MAKI

Marinades
Radis
Graines de sésame

Riz
Nori

SI VOUS AVEZ APPRÉCIÉ LE OSHINKO MAKI, ESSAYEZ :

LE KAPPA MAKI OU *L'UMESHISO*

AU COMPTOIR À SUSHIS

Les chefs les plus habiles vont même jusqu'à accorder la grosseur de chaque sushi à la bouche de la personne à qui il est destiné.

J'ACCORDE À CE SUSHI
LA COTE SUIVANTE

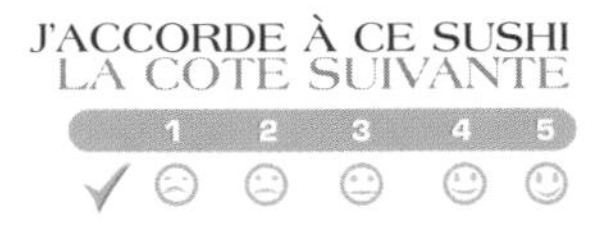

PHILADELPHIA

SUSHI DE PHILADELPHIE

Saumon fumé
Fromage à la crème
Concombre
Laitue
Masago
Riz
Nori

SI VOUS AVEZ APPRÉCIÉ LE SUSHI DE PHILADELPHIE, ESSAYEZ :

L' ALASKA OU LE CALIFORNIA ROLL

QUESTION D'ÉTIQUETTE

La dégustation du saké est entourée d'un certain rituel qui commence par l'acte de remplir le verre d'un de ses voisins de table.

J'ACCORDE À CE SUSHI
LA COTE SUIVANTE

1 2 3 4 5

RISING SUN

SOLEIL LEVANT

Pétoncle	Riz
Œuf de caille	Nori
Tobiko	

SI VOUS AVEZ APPRÉCIÉ LE RISING SUN, ESSAYEZ :

L'IKURA, LE MASAGO OU LE TOBIKO

LEÇON DE JAPONAIS

Domo arigato.

Merci beaucoup.

J'ACCORDE À CE SUSHI
LA COTE SUIVANTE

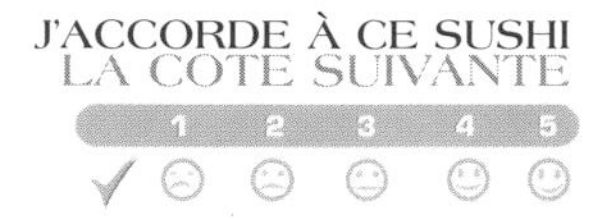

SABA
MAQUEREAU HUILEUX

Maquereau huileux
Riz
Wasabi

SI VOUS AVEZ APPRÉCIÉ LE SABA, ESSAYEZ :

L'AJI, L'IWASHI OU *LE SAWARA*

QUESTION D'ÉTIQUETTE

Ne noyez pas les sushis dans la sauce. Le shoyu sert à compléter, et non à masquer la saveur des sushis. Il doit parfumer le poisson, non le riz.

J'ACCORDE À CE SUSHI
LA COTE SUIVANTE

1 2 3 4 5

SALMON SKIN

PEAU DE SAUMON GRILLÉE

Peau de saumon grillée	Riz
Germes de radis	Graines de sésame
Nitsume (sauce sucrée)	Tobiko
Nori	

SI VOUS AVEZ APPRÉCIÉ LE SALMON SKIN, ESSAYEZ :

L'UNA-KYU OU L'UNAGI

QUESTION D'ÉTIQUETTE

Souvenez-vous que le wasabi est très piquant. Si vous ne voulez pas masquer le goût du poisson et de ses accompagnements, veillez à n'en prendre qu'une infime quantité.

J'ACCORDE À CE SUSHI LA COTE SUIVANTE

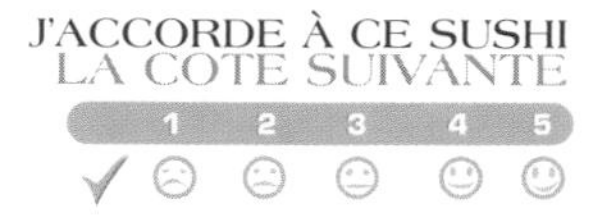

SHIRO MAGURO

GERMON

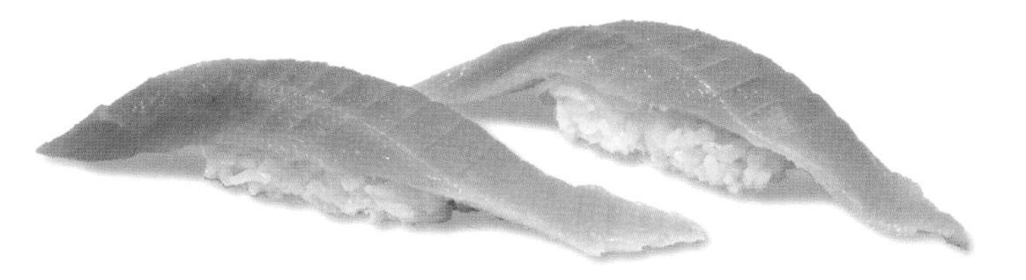

Germon
Riz
Wasabi

SI VOUS AVEZ APPRÉCIÉ LE SHIRO MAGURO, ESSAYEZ :
LE HAMACHI, LE MAGURO OU LE TORO

QUESTION D'ÉTIQUETTE

Les baguettes sont de rigueur avec les sashimis et les maki-zushis, mais les nigiri-zushis (sushis roulés à la main) se mangent avec les doigts.

J'ACCORDE À CE SUSHI
LA COTE SUIVANTE

1	2	3	4	5
☹	☹	😐	☺	☺

SPICY TUNA MAKI

THON ÉPICÉ

Thon	Sauce épicée
Concombre	Riz
Tobiko	Nori
Pousses de radis	

SI VOUS AVEZ APPRÉCIÉ LE SPICY TUNA MAKI ESSAYEZ :

LE SAUMON ÉPICÉ OU LES PÉTONCLES ÉPICÉS

QUESTION D'ÉTIQUETTE

Une bouchée ou deux? Tout dépend de la taille des sushis. Ils sont habituellement plus gros en Amérique du Nord qu'au Japon.

J'ACCORDE À CE SUSHI
LA COTE SUIVANTE

1 2 3 4 5

SPICY TUNA GUNKAN

THON ÉPICÉ

Thon épicé
Caviar d'exocet (poisson volant)
Riz
Nori
Oignon vert

SI VOUS AVEZ APPRÉCIÉ LE SPICY TUNA GUNKAN, ESSAYEZ :

LE SAUMON ÉPICÉ OU LES PÉTONCLES ÉPICÉS

LEÇON DE JAPONAIS

Kyo wa nani ga oishii desu ka ?

Que propose le chef aujourd'hui?

J'ACCORDE À CE SUSHI
LA COTE SUIVANTE

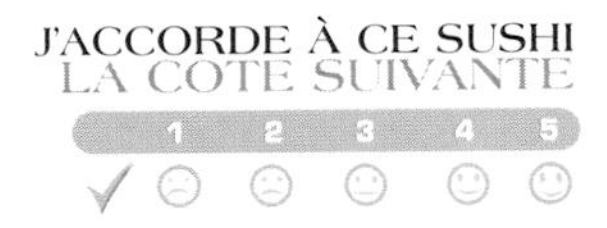

AU MENU

SPIDER ROLL

SUSHI ARAIGNÉE

Crabe à carapace molle
Avocat
Concombre
Laitue
Flocons de bonite à dos rayé
Masago
Mayonnaise
Riz
Nori

SI VOUS AVEZ APPRÉCIÉ LE SPIDER ROLL, ESSAYEZ :

L'ALASKA OU *LE SUSHI TEMPURA*

QUESTION D'ÉTIQUETTE

Lorsque vous prélevez un morceau dans l'assiette d'un voisin de table, ayez la délicatesse de retourner vos baguettes et d'utiliser l'autre extrémité.

J'ACCORDE À CE SUSHI
LA COTE SUIVANTE

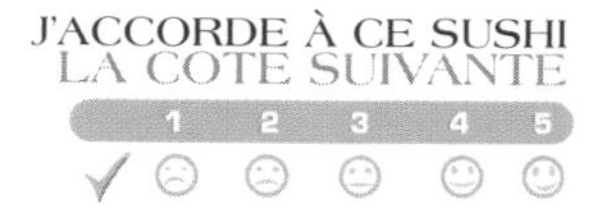

SUZUKI

BAR

Bar
Riz
Wasabi

SI VOUS AVEZ APPRÉCIÉ LE SUZUKI, ESSAYEZ :

LE HIRAME OU LE TAI

QUESTION D'ÉTIQUETTE

Avec les sushis, on recommande de ne pas boire de spiritueux qui engourdissent les papilles gustatives.

J'ACCORDE À CE SUSHI
LA COTE SUIVANTE

1 2 3 4 5

SYAKE

SAUMON DE L'ATLANTIQUE

Saumon de l'Atlantique
Riz
Wasabi

SI VOUS AVEZ APPRÉCIÉ LE SYAKE, ESSAYEZ :

LE BENI JAKE OU *LE KAJIKI MAGURO*

LEÇON DE JAPONAIS

Le terme *syake*, saumon, ne doit pas être confondu avec saké, le vin de riz.

J'ACCORDE À CE SUSHI
LA COTE SUIVANTE

1 2 3 4 5

SYAKE MAKI

SAUMON

Saumon
Riz
Wasabi
Nori

SI VOUS AVEZ APPRÉCIÉ LE SYAKE MAKI, ESSAYEZ :

LE BENI JAKE, LE SYAKE OU LE TEKKA MAKI

QUESTION D'ÉTIQUETTE

Le gari a pour fonction de rafraîchir le palais entre les différents sushis. Considérez-le comme un purificateur du palais, analogue au sorbet servi comme entremets dans les restaurants.

J'ACCORDE À CE SUSHI
LA COTE SUIVANTE

1 2 3 4 5

■ AU MENU

TAI

VIVANEAU

Vivaneau
Riz
Wasabi

SI VOUS AVEZ APPRÉCIÉ LE TAI, ESSAYEZ :

L'HIRAME OU LE SUZUKI

CONSEIL CULINAIRE

Le poisson nommé tai ne se vend pas en Amérique du Nord. Également connu sous le nom de spare tête-de-mouton, le vivaneau remplace le tai dans nos comptoirs à sushis locaux.

J'ACCORDE À CE SUSHI
LA COTE SUIVANTE

1 2 3 4 5

TAKO

POULPE

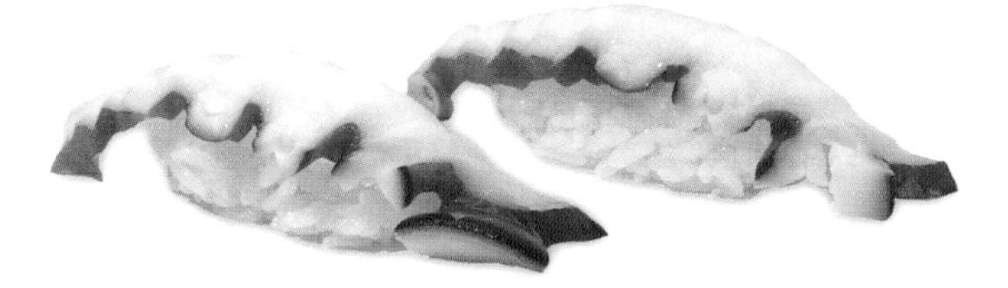

Poulpe
Riz
Wasabi
Nori

SI VOUS AVEZ APPRÉCIÉ LE TAKO, ESSAYEZ :

L'IKA

CONSEIL CULINAIRE

Le tako est toujours bouilli avant d'être servi, opération qui en attendrit la chair et qui a pour effet de lui conférer une saveur subtile et une texture élastique.

J'ACCORDE À CE SUSHI
LA COTE SUIVANTE

1 2 3 4 5

■ AU MENU

TAMAGO

SUSHI AUX ŒUFS

Omelette
Riz
Nori

SI VOUS AVEZ APPRÉCIÉ LE TAMAGO, ESSAYEZ :

LE FUTOMAKI

LEÇON DE JAPONAIS

Cette omelette roulée est également connue sous le nom de *gyoku*, mot qui signifie « bijou ».

J'ACCORDE À CE SUSHI LA COTE SUIVANTE

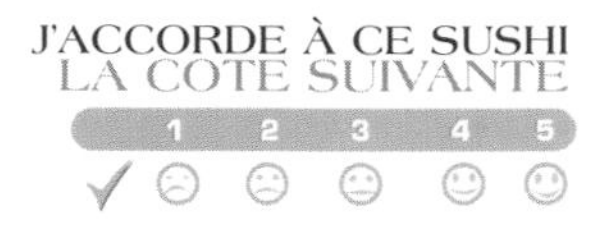

TEKKA MAKI

SUSHI AU THON

Thon
Riz
Wasabi
Nori

SI VOUS AVEZ APPRÉCIÉ LE TEKKA MAKI, ESSAYEZ :

LE MAGURO, LE NEGI HAMACHI, LE SYAKE MAKI, *LE SPICY HAMACHI* OU LE TORO

LEÇON DE JAPONAIS

Le mot *tekka* signifie littéralement « feu de fer ». Ce sushi doit son nom à la couleur du thon frais rouge vif placé en son centre, qui rappelle une barre de fer chauffée au rouge.

J'ACCORDE À CE SUSHI
LA COTE SUIVANTE

1 2 3 4 5

■ AU MENU

TOBIKO

CAVIAR D' EXOCET

Caviar d'exocet (poisson volant)
Riz
Nori

SI VOUS AVEZ APPRÉCIÉ LE TOBIKO, ESSAYEZ :

L' IKURA, LE MASAGO OU LE RISING SUN

QUESTION D'ÉTIQUETTE

Le thé vert, appelé communément ocha, souligne les saveurs des sushis, chasse les saveurs qui s'attardent en bouche et rafraîchit le palais.

J'ACCORDE À CE SUSHI
LA COTE SUIVANTE

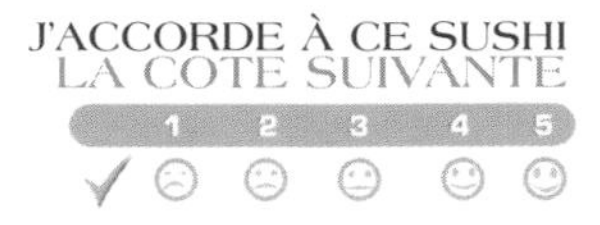

TORO

THON GRAS

Thon (ventre)
Riz
Wasabi

SI VOUS AVEZ APPRÉCIÉ LE TORO, ESSAYEZ :
LE BINCHO MAGURO OU LE NEGI TORO MAKI

CONSEIL CULINAIRE
Le ventre du thon abonde en matières grasses.
On le considère comme un mets délicat.

J'ACCORDE À CE SUSHI
LA COTE SUIVANTE

1 2 3 4 5

✓

UME-KYU

UME-KYU

Concombre	Riz
Feuilles de shiso	Nori
Ume (pâte de prunes)	

SI VOUS AVEZ APPRÉCIÉ LE UME-KYU, ESSAYEZ :

LE KAPPA MAKI

AU COMPTOIR À SUSHIS

Le shokunin, c'est-à-dire le cuisinier spécialisé en sushis, officie derrière un comptoir, debout sur une estrade.

J'ACCORDE À CE SUSHI LA COTE SUIVANTE

1 2 3 4 5

UNA-KYU

ANGUILLE GRILLÉE

Anguille grillée	Nori
Concombre	Riz
Tare	Graines de sésame

SI VOUS AVEZ APPRÉCIÉ L'UNA-KYU, ESSAYEZ :

L'ANAGO, LE SALMON SKIN OU L'UNAGI

CONSEIL CULINAIRE

La garniture en plastique vert qui rappelle une clôture se nomme baran. Une ancienne coutume consistait à envelopper le poisson dans des feuilles de bambou naturellement dotées de substances qui préservent le poisson. Lorsque la réfrigération s'est généralisée, cette mesure est tombée en désuétude.

J'ACCORDE À CE SUSHI
LA COTE SUIVANTE

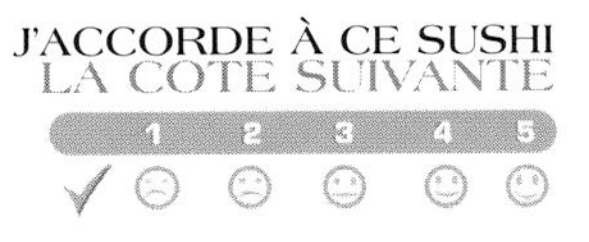

UNAGI

ANGUILLE D'EAU DOUCE

Anguille d'eau douce
Riz
Tare
Nori

SI VOUS AVEZ APPRÉCIÉ L'UNAGI, ESSAYEZ :

L'ANAGO, LE SALMON SKIN OU L'UNA-KYU

CONSEIL CULINAIRE

L'unagi est d'abord grillé, puis glacé avec un mélange de sauce soya, de sucre et de fumet d'anguille. Cette sauce adoucit et enrichit la saveur du poisson. L'unagi doit être consommé sans le tremper dans une sauce.

J'ACCORDE À CE SUSHI
LA COTE SUIVANTE
1 2 3 4 5

UNI

ŒUFS D'OURSIN

Œufs d'oursin
Riz
Nori

SI VOUS AVEZ APPRÉCIÉ L'UNI, ESSAYEZ :

L'IKURA

CONSEIL CULINAIRE

L'uni est considéré comme un mets très raffiné. De texture tendre, il a une saveur délicate, subtile, rappelant la noisette.

J'ACCORDE À CE SUSHI
LA COTE SUIVANTE

1 2 3 4 5

✓

■LES INDISPENSABLES

La découverte des sushis vous conduira à vous initier à une terminologie toute nouvelle. Voici une liste succincte de mots que vous êtes susceptible d'entendre ou de lire dans les comptoirs à sushis et les restaurants japonais.

ABURA AGE
Tofu frit.

AGARI
Thé vert piquant, appelé communément ocha. Agari (terme argotique dans l'univers du sushi) signifie : avoir fini de manger. À l'origine, le terme agari désignait seulement la tasse de thé servie après le repas, mais il peut signifier maintenant tout thé consommé à n'importe quel moment du repas. On le boit toujours nature, sans lait ni sucre, et brûlant. Il est tout à fait admis de le boire en faisant du bruit avec la bouche.

AKAMI
Chair rouge et maigre entourant l'épine dorsale du thon.

ALGUE
(Voir NORI)

ALOSE JAPONAISE
(Voir KOHADA)

ANAGO (CONGRE)
Anguille marine, plus mince que l'unagi, anguille d'eau douce. On fait toujours bouillir l'anago avant de le griller. Comme on le sert avec un mélange spécial de sucre, de sauce soya et de bouillon d'anguille, il n'est pas nécessaire de le consommer accompagné d'une sauce ou de wasabi *(voir Au menu à la page 21)*.

AVOCAT
Fruit piriforme cultivé au Mexique, dans les Antilles, en Floride, en Californie et en Afrique. Sa chair, d'un beau vert pâle, est utilisée pour la préparation du maki sushi.

AWASEZU
(Voir KOMEZU)

BAMBOU (TAPIS DE)
(Voir MAKISU)

BAR COMMUN
(Voir SUZUKI)

BARAN
Garniture en plastique plate de couleur verte. Elle ressemble à une clôture en lattis. Purement décoratif, le baran ne se consomme pas! Son usage remonte à la tradition ancienne qui consistait à envelopper le poisson dans des feuilles de bambou dotées de substances qui préservaient le poisson. Quand la réfrigération s'est généralisée, cette mesure est tombée en désuétude.

BIIRU
La bière accompagne très bien les sushis et les sashimis. Parmi les bières japonaises servies dans les comptoirs à sushis, la Kirin possède une saveur riche qui rappelle la noisette, l'Asahi est la plus douce et la Sapporo est plus légère, mais plus amère.

CALIFORNIA ROLL
Très apprécié des amateurs de sushis, le sushi californien est fabriqué à la main et renferme du crabe cuit, de l'avocat et du concombre *(voir Au menu à la page 28)*.

CAVIAR (ŒUFS DE POISSON)
(Voir IKURA)

CAVIAR D'ÉPERLAN
(Voir MASAGO)

■LES INDISPENSABLES

CAVIAR D'EXOCET (POISSON VOLANT)
(Voir TOBIKO)

CHAMPIGNON
(Voir SHIITAKE)

CHIRASHIZUSHI
Ce terme signifie « sushi éclaté ». Le riz à sushi est servi dans un bol ou une boîte décorée de neuf garnitures (chez les Japonais, le neuf est le chiffre porte-bonheur), par exemple des tranches de poisson cru, des légumes cuits ou des rouleaux d'omelette
(voir Au menu à la page 25).

CONCOMBRE
(Voir KYURI)

CRABE
(Voir KANI)

CREVETTES
(Voir EBI)

DAIKON
Radis du Japon, de grande taille, blanc, juteux et croquant. Riche en vitamine C, le daikon est servi en salade ou comme garniture.

DASHI
Bouillon de poisson clair, non huileux, qui entre dans la préparation des potages, des vinaigrettes et des marinades. Le dashi peut être à base de kombu, de katsuobushi ou de champignons shiitake.

EBI

Les ebi, à la saveur douce et fraîche, sont des crevettes géantes bouillies dans l'eau salée, puis décortiquées et ouvertes en forme de papillon. On ne laisse de leur carapace que la partie qui recouvre la queue. Elles sont mangées habituellement avec du wasabi et de la sauce soya *(voir Au menu à la page 26)*.

EDAMAME

Gousses de soya fraîches garnies de graines, parfois présentées par le chef comme tsukidashi ou plat d'accompagnement. Considérés comme un mets très délicat au Japon, souvent accompagnés d'un verre de bière très froide, les edamame sont riches en protéines, en vitamine A et en plusieurs vitamines du groupe B, ainsi qu'en calcium et en vitamine C.

FUKUSA-ZUSHI

Baluchon d'omelette emprisonnant du riz vinaigré et du poisson fumé.

FUTO-MAKI

Sushi dodu et roulé, fabriqué habituellement de cinq ingrédients différents, assaisonnés.

GARI

Tendres racines de gingembre marinées dans le sel et le vinaigre sucré. Garniture utilisée pour rafraîchir le palais entre les différents sushis. Le gari possède des propriétés antibactériennes, il stimule la digestion et renforce le système immunitaire contre le rhume et la grippe.

GERMON

(Voir MAGURO)

GINGEMBRE

(Voir GARI)

■LES INDISPENSABLES

GOBOU
Bardane de montagne, légume racine à la saveur sucrée de noisette et à la texture croquante, très riche en fibres alimentaires.

GOHAMMONO
Riz vieilli utilisé pour la confection des sushis.

GOMA
Graines de sésame, noires ou blanches. Souvent utilisées dans les sushis roulés pour leur couleur et leur saveur.

GUNKAN
Connu sous le nom de sushi de style barque, le gunkan est une sorte de nigiri-zushi obtenu en entourant une plaque de riz d'une bande d'algue marine autour et en pressant de manière à ce que les ingrédients se retrouvent sur le dessus. C'est une façon simple de servir des œufs de poisson et d'autres ingrédients de petite taille.

GYOKU
Omelette roulée, également connue sous le nom de tamago. Gyoku signifie « bijou ».

HAKO ZUSHI
Sushi en boîte ou pressé, préparé dans une boîte spéciale permettant de créer des blocs en forme de doigts.

HAMACHI
Le hamachi est une sorte de thon à nageoires jaunes nommé également sériole. Il est de couleur jaune pâle et possède une saveur riche, rappelant celle du poisson fumé. La queue et la joue sont les parties du poisson les plus prisées, celles que les chefs réservent à leurs meilleurs clients (*voir Au menu à la page 29*).

HANGIRI
Récipient en bois de cyprès non dégrossi, utilisé pour mélanger le riz à sushi cuit avec les vinaigrettes.

HASHI OKI
Porte-baguettes, déposé à la place de chaque convive dans le restaurant.

HASHIS
Baguettes. Même si vous êtes maladroit, vous devriez vous efforcer d'utiliser les baguettes. On trouve rarement des couteaux et fourchettes dans les comptoirs à sushis, et leur usage constitue une insulte pour le chef. On peut se servir des doigts pour saisir les sushis, mais non les sashimis. Si vous voulez goûter un aliment qui se trouve dans l'assiette d'un voisin, ayez la délicatesse de retourner vos baguettes et de vous servir à l'aide des autres extrémités.

HIRAME
Flétan, poisson plat qui, découpé en tranches translucides fines comme du papier, donne d'excellents sashimis *(voir Au menu à la page 30)*.

HOSOMAKI
(Voir MAKI SUSHI)

IKA
Calmar, membre de la famille des mollusques dont la coquille est interne. La chair est luisante, de couleur perle. Ferme et plate, elle est tranchée, puis entaillée pour laisser pénétrer la sauce soya. *(voir Au menu à la page 33)*.

■LES INDISPENSABLES

IKURA
Sushi renfermant de petites billes rouges et luisantes le caviar de saumon. Le terme ikura est tiré du mot russe ikra, qui désigne les œufs de poisson ou caviar. C'est pourquoi l'ikura est parfois utilisé comme caviar rouge dans la cuisine américaine, ainsi que dans les sushis. L'ikura n'est jamais mangé cru à cause de la présence éventuelle de parasites *(voir Au menu à la page 34)*.

INARI ZUSHI
Sushi sucré, doré, fait de riz enveloppé de tofu mince et frit, mijoté dans un liquide sucré.

ITAMAE-SAN
(Voir SHOKUNIN)

KAMPYO
Racines de fleurs.

KANI
Chair de crabe utilisée dans certains types de sushis. Toujours servi cuit, le kani est un excellent choix pour les novices de la cuisine japonaise. On peut le déguster sous forme de nigiri-zushi ou enveloppé dans une algue, à la mode des sushis californiens *(voir Au menu à la page 39)*.

KAPPA MAKI
Sushi roulé préparé avec du concombre japonais. Le nom fait allusion à un lutin mythologique friand de ce légume *(voir Au menu à la page 41)*.

KARASHI
Moutarde forte japonaise, vendue en tube ou en poudre.

KATSUOBUSHI
Bonite à dos rayé, en flocons. Employée sous forme séchée comme fumet pour la préparation de potages délicieux et nourrissants, la bonite à dos rayé est riche en minéraux, vitamines et protéines.

KOHADA
Poisson japonais mariné à la peau argentée, rappelant la sardine, utilisé comme garniture sur le nigiri-zushi.

KOMBU
Laminaire, plante feuillue de grande taille croissant en eaux peu profondes. Elle renferme de l'iode, des vitamines, des protéines et des fibres alimentaires. Elle contient également des substances qui permettent de réduire les taux élevés de cholestérol, de lutter contre l'hypertension et de prévenir éventuellement certaines formes de cancer.

KYURI
Concombre japonais de texture croquante. Contrairement aux concombres nord-américains, la variété japonaise possède une peau granuleuse et renferme moins de pépins.

LAMINAIRE
(Voir KOMBU)

MAGURO
Thon. Largement répandu et de saveur agréable, le maguro est l'ingrédient le plus courant dans les comptoirs à sushis d'Amérique du Nord. Bien qu'il en existe de nombreuses variétés, le thon à nageoires jaunes et le thon rouge sont les coupes maigres les plus utilisées pour la confection de sushis *(voir Au menu à la page 49)*.

MAKISU
Utilisé pour la préparation des maki-zushi, le makisu est un tapis fabriqué de bâtonnets de bambou réunis par une ficelle de coton.

MAKI-ZUSHI

Autre type de sushi, le maki-zushi est roulé en emprisonnant du riz, du poisson ou d'autres ingrédients dans un long cylindre d'algue pour être ensuite débité en portions de la taille d'une bouchée. On trouve deux variétés de maki-zushi : hosomaki, un rouleau fin divisé en six petites portions, et temaki, un rouleau qu'on avale en deux ou trois bouchées et qui ressemble à un cornet de crème glacée. Le maki-zushi est servi avec de la sauce soya et du gari. On prétend que le maki-zushi a été créé dans les maisons de jeu du XVIIIe siècle au Japon, parce que les joueurs souhaitaient consommer des mets faciles à manger, sans cesser de jouer.

MAQUEREAU

(Voir SABA)

MASAGO

Caviar d'éperlan. Le masago est constitué de petits œufs de poisson volant de couleur orange. C'est un mets des plus fins et très apprécié au Japon. Le masago peut se préparer en nigiri-zushi, gunkan ou maki-zushi, et est souvent utilisé pour garnir des sushis roulés à la main. Il est apparenté au tobiko, un caviar de poisson volant. Même s'il est de couleur légèrement plus pâle, il possède une saveur semblable et est salé et croquant sous la dent. Il regorge d'acides gras oméga-3 qui peuvent prévenir les maladies cardiaques *(voir Au menu à la page 46)*.

MASU-ZUSHI

Forme d'oshi-zushi ou de sushi pressé, fabriqué avec une fine tranche de truite ou de saumon fumé pressée contre un doigt de riz.

MIRIN

Vin japonais, sucré et doux, utilisé exclusivement en cuisine.

MIRUGAI
La panope est un mollusque à coquille dure de grande taille qui, avec son « cou » épais, peut facilement atteindre plus de trente centimètres. Légèrement résistant sous la dent, il est tranché fin pour la confection des sushis et des sashimis. On effiloche parfois les bords de ce mollusque pour en rehausser l'aspect et en améliorer la tendreté *(voir Au menu à la page 47)*.

MISO
Pâte de soya fermenté, utilisée avec le bouillon de poisson dashi dans la préparation de potages. En règle générale, plus le miso est foncé, plus il est salé. Très nourrissant, il est également utilisé dans les marinades, les vinaigrettes et les sauces.

MURASAKI
(Voir SHOYU)

NAMIDA
Littéralement « larmes », autre terme désignant le wasabi, condiment qui fait monter les larmes aux yeux.

NIGIRI-ZUSHI
Également orthographié nigiri sushi, ce qui signifie « pressé à la main », le nigiri-zushi est composé d'une tranche de poisson cru ou cuit couchée sur un lit de riz. Ces ingrédients sont délicatement pressés les uns contre les autres. Le nigiri-zushi peut parfois se composer d'une couche d'œufs de poisson enroulée sur elle-même et maintenue au moyen d'une languette de nori. Le nigiri-zushi est souvent servi avec du wasabi et trempé dans de la sauce soya.

■ LES INDISPENSABLES

NORI
Algue utilisée pour envelopper les sushis. Le nori est riche en iode et en fer et est extrêmement riche en vitamines A, B_1, B_2, B_6, en niacine et en vitamine C.

NORI MAKI
Simple sushi roulé, fabriqué de riz étendu sur une feuille d'algue nori, garni de différents ingrédients, roulé et découpé en tranches.

OCHA
(Voir AGARI)

OSHIBORI
Serviette chaude présentée aux convives avant le repas, pour s'essuyer les mains.

OSHINKO
Radis daikon jaune pâle mariné.

OSHIWAKU
Boîte de bois utilisée comme grand moule pour les sushis pressés.

OSHI ZUSHI
Sushi pressé, préparé à l'aide d'une boîte ou d'un moule spécial.

OTEMOTO
Baguettes utilisées avec toutes sortes de plats japonais, sauf les soupes.

OURSIN
(Voir UNI)

PHILADELPHIA
Autre forme non traditionnelle de maki sushi, composé de saumon fumé, de fromage à la crème et de concombre *(voir Au menu à la page 55)*.

POULPE
(Voir TAKO)

RAIFORT

(Voir WASABI)

RIZ

(Voir SHARI)

SABA

Maquereau. Riche en acides gras oméga-3, ce poisson est salé, puis mariné parfois pendant neuf heures avant d'être servi *(voir Au menu à la page 53)*.

SAKÉ

Le vin de riz japonais est la boisson alcoolisée nationale. Fabriqué à partir de riz fermenté, le saké est servi chaud avant le repas et non au cours de celui-ci. Certains considèrent cette boisson comme indispensable tandis que d'autres soutiennent qu'elle est superflue parce que, comme le sushi, elle est fabriquée à partir de riz. Sachez que le serveur remplira votre coupe chaque fois qu'elle sera vide; renversez-la donc lorsque vous aurez bu suffisamment. Notons qu'il est acceptable de boire du saké avec le sashimi, qui ne contient pas de riz.

SASHIMI

Filets de poisson de mer frais et crus découpés en lanières oblongues de la grosseur d'une bouchée. Ces filets sont trempés dans le shoyu et consommés accompagnés de wasabi et de gari. Les sashimis sont choisis avec soin parmi les poissons pêchés dans les eaux les plus pures et sont préparés par les chefs les plus expérimentés. Ils sont habituellement consommés au début du repas, avant les sushis. Les poissons les plus appréciés pour la confection des sashimis sont le maguro (thon), le hamachi (thon à nageoires jaunes), le saba (maquereau), la limande et la dorade.

SAUMON

(Voir SYAKE)

SENCHA
Thé vert d'excellente qualité, obtenu à partir des feuilles de la première récolte. D'une jolie couleur vert pâle, il possède une saveur agréablement amère et est particulièrement apprécié avec le poisson cru.

SÉRIOLE
(Voir HAMACHI*)*

SÉSAME (GRAINES DE)
(Voir GOMA*)*

SHAMOJI
Large cuillère de bois utilisée en cuisine japonaise pour remuer et aérer le riz à sushi et pour en accélérer le refroidissement. On peut la remplacer par un éventail simplement formé d'une feuille de papier ou d'un journal replié.

SHARI
Le shari, nom du riz à sushi, dérive du sanskrit. Ce riz constitue la base du sushi. Il est étuvé, puis imprégné de vinaigre de riz, de sucre et de sel pendant qu'un assistant s'emploie à le refroidir rapidement en l'éventant. La préparation du riz à sushi, lui conférant la texture et le lustre recherchés par les amateurs, exige des années de maîtrise. Le futur chef doit aussi apprendre à former, à partir du riz, des plaques ayant la consistance et la taille souhaitables pour le nigiri-zushi. Le riz à sushi préparé doit être conservé à la température ambiante sous un linge humide. On évite de le réfrigérer, ce qui lui donnerait une texture dure et désagréable.

SHIITAKE

Les champignons shiitake sont soit vendus frais au printemps et en automne, soit déshydratés. On les cultive pour le commerce en ensemençant de leurs spores les bûches d'un arbre nommé shii ou diverses espèces de chênes.

SHISO

Herbe parfumée rappelant la menthe et dotée de jolies feuilles dentées. Une variété à feuilles rouges est utilisée pour parfumer et colorer l'umeboshi et différents légumes marinés.

SHOGA

Le gingembre ou shoga, l'un des condiments les plus anciens, a été introduit au Japon en provenance de Chine. Le gingembre mariné, connu sous le nom de gari, est un rhizome jeune débité en tranches fines et mariné dans le sucre et le vinaigre. C'est le vinaigre qui est responsable de la couleur rose pâle du gingembre. Le gingembre possède des propriétés antiseptiques.

SHOKUNIN

Ce maître ès sushis, formé dans la tradition, est également nommé itamae-san. C'est un véritable artiste qui suit une formation longue et ardue avant d'être autorisé à voler de ses propres ailes. Le confectionneur de sushis officie derrière un comptoir, debout sur une estrade. Il se passionne en général pour son art et aime faire des recommandations. Les amateurs de sushis de longue date, aussi bien que les néophytes, ne devraient pas hésiter à demander les conseils du chef. C'est une marque de respect qui leur vaudra les meilleurs morceaux.

■LES INDISPENSABLES

SHOYU
Le shoyu, ou sauce soya, est à la fois un ingrédient et un condiment. La sauce foncée est plus épaisse et souvent moins salée que la variante plus pâle. Il existe également des versions à teneur réduite en sodium. La sauce soya japonaise est fermentée naturellement et est moins salée que la sauce soya d'origine chinoise. Elle convient mieux, de ce fait, pour le trempage des sushis. Dans un restaurant de sushis, les connaisseurs demandent le murasaki (ou sauce soya pourpre).

SOBA ZUSHI
Nouveau plat formé de nouilles soba très appréciées au Japon. Les pâtes cuites et farcies sont roulées dans une feuille de nori, puis découpées en rondelles de la taille d'une bouchée. Le soba zushi est servi avec une trempette spéciale plutôt qu'avec du shoyu.

SOYA (SAUCE)
(Voir SHOYU)

SU
Vinaigre à sushi, mélange particulier de vinaigre de riz, de sucre et de sel utilisé dans la préparation du riz à sushi.

SUIMONO
Potage japonais léger.

SUMESHI
Riz vinaigré, fabriqué en mélangeant du riz fraîchement cuit avec du vinaigre, du sucre et du sel.

SUSHI
Mets classique de la cuisine japonaise dans lequel un riz aromatisé au vinaigre est associé à du poisson. Les sushis se présentent sous différentes formes et peuvent être consommés avec les baguettes ou avec les doigts. Les sushis les plus connus sont le nigiri-zushi (sushi confectionné à la main) et le maki-zushi (sushi roulé à l'aide d'un tapis de bambou).

SUSHI (CHEF DE)

(Voir SHOKUNIN)

SUSHI CALIFORNIEN

(voir CALIFORNIA ROLL).

SUSHI DE PHILADELPHIE

(voir PHILADELPHIA).

SUSHI TSU

Grand amateur de sushis.

SUZUKI

Bar commun, poisson japonais au goût fin et à la chair blanche et luisante. Sa chair est parfois servie comme sashimi. On le désigne alors sous le nom de uki usu zukuri *(voir Au menu à la page 59).*

SYAKE

Saumon. Son nom ne doit pas être confondu avec le saké ou vin de riz. Ce poisson sert à composer un sushi très apprécié, facilement reconnaissable à sa couleur orange vif et à sa saveur douce et suave. Dans les comptoirs à sushis, le saumon est toujours servi mariné ou fumé, ce qui lui donne une saveur douce. Le saumon frais grillé est parfois présenté sous forme de nigiri-zushi. Le saumon est une excellente source d'acides gras oméga-3 qui préviennent les affections cardiaques *(voir Au menu aux pages 60 et 61).*

TAI

Le poisson que les Japonais désignent par ce nom n'est pas vendu en Amérique du Nord. Le vivaneau, également connu sous le nom de spare tête-de-mouton remplace le tai dans nos comptoirs à sushis. Dans les deux cas, il s'agit d'un poisson à chair maigre, blanche et rosée, et à saveur douce *(voir Au menu à la page 62).*

LES INDISPENSABLES

TAKO
Poulpe qu'on reconnaît facilement à ses tentacules pourpres. En réalité, les tentacules du poulpe sont de consommation plus courante que son corps. Le tako est toujours bouilli avant d'être servi. Cette opération en attendrit la chair et a pour effet de lui conférer une saveur subtile et une texture élastique *(voir Au menu à la page 63)*.

TAKO BUTSU
Poulpe détaillé en morceaux.

TAKUAN
Radis daikon mariné, utilisé comme garniture.

TAMAGO
Omelette bien ferme, faite d'œufs battus et sucrés. On la prépare dans une poêle carrée. Elle est refroidie, tranchée puis servie comme sushi sur une plaque de riz avec une fine ceinture de nori, ou glissée dans un sushi *(voir Au menu à la page 64)*.

TAMARI
Sauce utilisée pour tremper les sushis.

TANE
Ingrédients servant à garnir le nigiri-zushi.

TARE
Sauce sucrée.

TEKKA MAKI
Sushi fin roulé autour d'une portion de thon maguro. Le mot tekka signifie « feu de fer ». Ce sushi doit son nom à la couleur rouge vif du thon frais placé en son centre, couleur qui rappelle une barre de fer chauffée au rouge. On peut préparer ce sushi avec ou sans wasabi *(voir Au menu à la page 65)*.

TEMAKI-ZUSHI

Littéralement, sushi roulé à la main, variation de maki-zushi. Le temaki se présente sous la forme d'un grand cône rappelant un cornet de crème glacée qui contient des ingrédients détaillés en gros morceaux, par exemple des légumes ou du saumon fumé.

THÉ VERT

(Voir AGARI et SENCHA)

THON

(Voir MAGURO)

THON À NAGEOIRES JAUNES

(Voir HAMACHI)

TOBIKO

Caviar de poisson volant, habituellement de couleur orange vif, souvent utilisé dans la confection des sushis californiens *(voir Au menu à la page 66)*.

TOFU

Caillé de soya, extrêmement riche en protéines et très digeste. Le tofu japonais, plus mou, plus blanc et au goût plus délicat que le tofu chinois, fond dans la bouche.

TORO

Ventre gras du thon. Le toro est considéré comme un mets très délicat *(voir Au menu à la page 67)*.

TSUKIDASHI

Plats d'accompagnement ou plats surprises présentés dans un repas de sushis. Le chef peut, par exemple, présenter un concombre frais tranché en spirale ou déployé en éventail, ou encore un gobou froid, en saumure, une sorte de carotte fine connue en français sous le nom de bardane.

UKI USU ZUKURI

(Voir SUZUKI)

LES INDISPENSABLES

UMEBOSHI
Prunes marinées et salées, un mets fin souvent servi avec du riz blanc nature.

UNAGI
Anguille d'eau douce. Par sa couleur et sa saveur, l'unagi ressemble à l'anago (anguille de mer, congre). Cependant, au lieu d'être d'abord bouilli, il est grillé, puis glacé avec un mélange de sauce soya, de sucre et de fumet d'anguille. Cette sauce adoucit et enrichit la saveur du poisson. L'unagi doit être mangé sans le tremper dans une sauce *(voir Au menu à la page 70)*.

UNI
Gonades de l'oursin. Dans bien des régions du monde, les amateurs de sushis résolus considèrent l'uni comme un mets très fin de texture tendre, maintenu en forme à l'aide d'une bande de nori, il possède une saveur fine, subtile et rappelant la noisette *(voir Au menu à la page 71)*.

URAMAKI
Sushi inversé, dont le riz se trouve à l'extérieur et l'algue nori à l'intérieur.

VINAIGRE POUR SUSHIS
(Voir KOMEZU)

VIVANEAU
(Voir TAI)

WAKAME
Sorte d'algue vendue séchée. Une fois trempé, le wakame devient vert foncé. Il s'utilise dans les soupes au miso ainsi que dans les salades.

WASABI

Moutarde japonaise verte au raifort, condiment des plus relevés extrait de la racine du wasabi, plante cultivée exclusivement au Japon. Il possède des propriétés antibactériennes et est riche en vitamine C. Les racines vert olive sont cultivées dans des eaux peu profondes. Comme le wasabi frais est très cher et difficile à trouver à l'extérieur du Japon, on lui préfère souvent les préparations sous forme de poudre ou de pâte, moins coûteuses.

YONEZU

Vinaigre de riz utilisé pour la préparation des sushis. La méthode traditionnelle de confection du vinaigre de riz exige du riz de culture biologique et de l'eau de source. Le vinaigre fermenté est additionné de sucre et de sel, puis utilisé pour la préparation du riz à sushi.

YUKIWA-MAKI

Autre nom du sushi inversé ou uramaki.

MES RESTAURANTS ET COMPTOIRS À SUSHIS FAVORIS

Nom : ______________________________

Adresse : ______________________________

Téléphone : ______________________________

____

____

____

Nom : ______________________________

Adresse : ______________________________

Téléphone : ______________________________

____

____

____

Nom : ______________________________

Adresse : ______________________________

Téléphone : ______________________________

____

____

____

Nom : ______________________________

Adresse : ______________________________

Téléphone : ______________________________

____

____

____

Nom : ______________________________

Adresse : ______________________________

Téléphone : ______________________________

____

____

____

Nom :
Adresse :
Téléphone :

Nom :
Adresse :
Téléphone :

Nom :
Adresse :
Téléphone :

Nom :
Adresse :
Téléphone :

Nom :
Adresse :
Téléphone :

INDEX «AU MENU»

Envoyez vos commentaires à
lerepertoiredusushi@leporemedia.com